古代越中の万葉料理

現代は食材で溢れる時代。

今から千三百年前の万葉の頃、大伴家持が越中に赴任した時代、人々は海や山のバラエティーに富んだ天然の産物を味わっていた。時代を回顧し万葉の時代を味わってみよう。

序文

著者の経沢信弘さんは割烹「まる十」の店主であり料理人である。看板メニューに他では味わえない「スッポン料理」がある。水槽の中で頭をもたげるスッポンはいかにも「食いついたら離さない」といった迫力をもっている。それを手際よくつかみ俎板にのせて調理する。スッポンは最強の滋養強壮の食材であり、すでに縄文中期の遺跡から出土している。

経沢さんは「医食同源」を実践する料理人でもある。その経沢さんが十年ほど前に、私が勤務していた富山市埋蔵文化財センターに、「アシツキを料理してみたので試食して欲しい」とやってきた。ワカメでもなくコンブでもなく、淡泊な味であった。万葉時代の「アシツキ」の味が舌の上に広がった。

越中国守・大伴家持が天平二十年（七四八）春の出挙（農民への種もみの貸付などの公務）で、「礪波郡の雄神川」に至った時、少女たちが浅瀬で葦府（あしつき）を採っているのを見て歌を詠んだ（巻十七―四〇二一）。

富山県では「アシツキ」の生育地について「上麻生のあしつきのり」（高岡市）と「西広上のあしつきのり」（射水市）を、指定天然記念物として保護しているが繁茂が芳しくない。かかる稀有な「アシツキ」を味わったのである。生育地は富山県西部の河川だという。「アシツキの生態にとって重要なので記録に残しては」と促したら、「葦附のカワモズク説について」（『野外調査研究所報告』第１９・２０合併号２０１３年掲載）と題する論考が届いた。

本書は、いわゆるレシピ本とは趣を異にしている。

著者は、好奇心旺盛な行動派である。その料理人が『万葉集』の歌境を味わうことで、食の正体を探り、万葉料理の再現にいどんだのである。万葉人が食材に向き合う意識そのものにも迫ろうとする思惑が込められている。歴史的背景の記述と合わせて、書が醸し出す「食の感覚」を楽しんでみたいと思っている。

元富山市埋蔵文化財センター所長
敬和学園大学人文社会科学研究所客員研究員
藤田 富士夫

もくじ

再現　万葉料理

氷見海岸

はじめに

私達の祖先達は何を食べていたのだろうか。それが私の出発点だった。料理人として四十年余りこれまで各地を旅し、またその地域の多くの郷土料理と出会った。そのなかでも米国・ニューヨークの四年間にわたる修行が転機をあたえてくれた。日本料理がどういう位置にあるのか、また日本の歴史・文化を外から客観的にみることができた。

帰国後は、さらに全国各地及びアジアの少数民族の家庭の食事や文化を訪ねてまわった。また現地で料理も振る舞ってきた。そして皮肉なことに、たどり着いたのが日本最古の国民歌集の万葉集だった。

万葉時代の生活様式や食生活などを断片的に伝えるものに『養老律令』などの律令書や『風土記』『正倉院文書』に収録された諸国の『正税帳』がある。また藤原・平城両古都跡から大量に発見される『木簡』も、当時の生活を生々しく伝えている。これらを拾い集めると、さほど現在と変わらないむしろ、古代の方がバラエティーに富んだ食物を摂取していたと想える。これらの記述は実に詳細だが、あくまでもそれは都城における王侯貴族や官人などの一部特権階級の姿にすぎず、農民や庶民の食生活の全容を伝えるものではない。ところが『万葉集』には天皇から防人や農民までこの時代に生きた人々の姿があからさまに万葉仮名に託されている。こうした歌の断片から、万葉びとの食を再現してみようというものである。

越中万葉の舞台は、能登をふくめての越中国である。天平十三年（七四一）から十六年間、越中国に所属していた。また越後の西半四郡も大宝二年（七〇二）まで所属していた。大伴家持は、天平十八年（七四六）七月から越中守として、足かけ六年間を越中の風土の中で過ごすことになる。ここでは、越中時代の大伴家持の歌を中心に料理を再現してみようと思う。

食材は筆者みずから採取したものを使用した。

引用歌は、訳『新編日本古典文学全集9万葉集4』小学館一九九六年に拠った。また器は富山市埋蔵文化財センターから文化財の古代の出土品をお借りした。この場を借りてお礼申し上げたい。

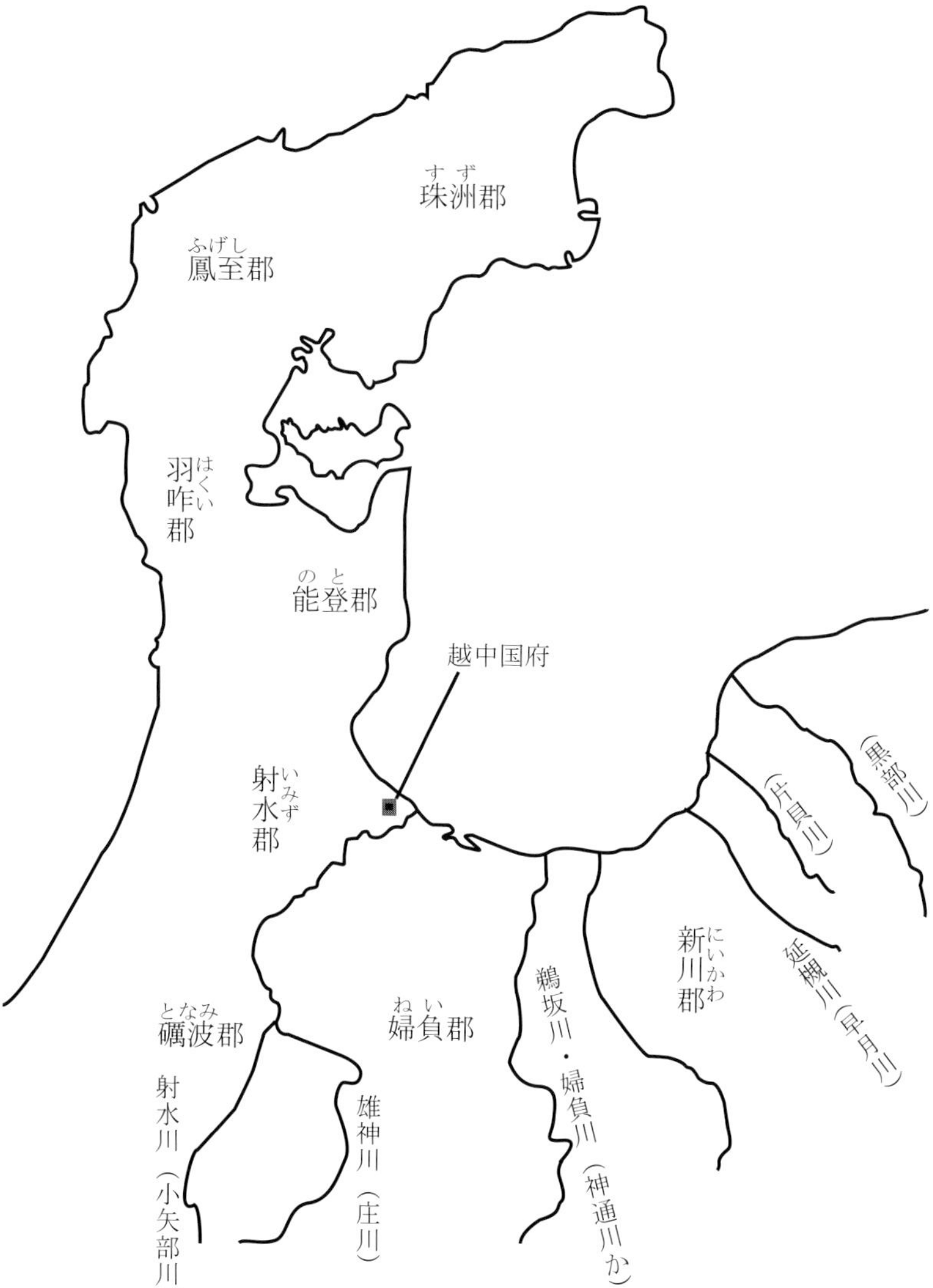

越中国主要地図（万葉時代）

再現　万葉料理

器（杯・蓋）栃谷南　１号窯

葦《あし》付《つき》

礪波郡雄神河辺作歌一首

雄神川《おがみがわ》　紅《くれなゐ》にほふ　娘子《をとめ》らし
葦付《あしつき》取ると　瀬に立たすらし

大伴家持　（巻十七 - 四〇二一）

岩に生える葦付（あしつき）

訳

雄神川（庄川）が赤く輝いている。

乙女らが、あしつき（みるの種類）を採りに瀬に立っているらしい。

この歌は越中国守大伴家持が、天平二〇年（七四八）春、出挙の際に国内巡行した時の作九首中の第一首の歌である。歌中の「葦付」は、万葉集の中では、この歌以外にはみられず、また他の書中にもみられない。アシツキは富山県指定天然記念物に指定されている。近年、富山県南砺市利賀村で確認されている。

十年前から観察及び採取・料理している。酢の物にすればさっぱりしてのどごしもよいのが特徴。万葉集研究では、アシツキ説がほぼ定説となっているがカワモズク説も併記されているなど、また季節のずれもなどの決着もついていないように思われる。

それについては、後記の論文にゆだねることにする。

器（皿）　室住池Ｖ遺跡６号窯 442

鮎《あゆ》

鸕《う》を潜《かず》くる人を見て作る歌一首

婦負川《ねいがわ》の　速《はや》き瀬《せ》ごとに　篝《かがり》さし
八十伴《やそとも》の緒《お》は　鵜川立《うかわた》ちけり

大伴家持　（巻十七 - 四〇二三）

訳

婦負川の早瀬早瀬で篝火を焚き、八十鵜養らが　川狩をしている。

婦負川は現在の神通川に比定されている。家持は篝火を焚いてたくさんの官人たちが鵜飼のようすを歌ったものである。

鵜飼の歌は万葉集には十二首あるが、大半が家持のもので越中時代に多く鵜飼を好んだようである。鵜飼は主に夏に行われるものだが、ここでは春に鵜飼を行っていることから、ここもアシツキ同様季節のずれ問題と言われている。

また鵜飼に使った鵜は、何処から調達したのだろうか。これについても後記の論文を参考してもらいたい。若鮎はシンプルに塩焼きとした。

能登気多大社の鵜様道中

鮎の塩焼き

材料

鮎	1匹
塩	少々
串	1本

塩は自然塩を使う。写真の鮎は能登珠洲の塩田で作られた甘みのある能登塩を使った。

若鮎は頭から骨ごと食べられる。内蔵は取らない。恐らく古代の人も丸ごと食べたであろう。

まず、鮎の口から串を刺し鮎の尾びれが跳ね泳いでいるような姿に整える。

次に鮎全体に薄く天然塩を振る。写真ではひれに化粧塩を厚く付けている。塩を付けるとひれが焼けない。家庭用のグリルは小さく焼きづらいので、コンロを利用するとよい。コンロでは弱火で焼く。片面が薄く焦げめがつくまで焼いたら、ひっくり返してもう片面を焼く。古代の人はどんな道具で焼いていたのだろうか、思いを馳せながらあせらずじっくり焼こう。

最後に串を抜いて出来上がり。

器（有台杯）　栃谷南遺跡　灰原　627

かたくり

堅香子の花を攀ぢ折る歌一首

もののふの　八十娘子《やそおとめ》らが　汲《く》みまがふ
寺井《てらい》の上《うえ》の　堅香子《かたかこ》の花《はな》

大伴家持　（巻十九 - 四一四三）

かたくりの花

訳

（もののふ）群れなす乙女らが　汲みさざめく　寺井のほとりの　かたかごの花よ

この歌は天平勝宝二年の三月二日、家持が国府（高岡市伏木あたり）で詠んだもの。「万葉集」でカタカコと呼ばれていた植物は、平安時代から鎌倉初期にはカタカコと呼ばれ「堅樫」の木だと解釈されていたようだ。しかし、これがカタカコ（かたくりの花）であると指摘したのは、鎌倉時代の万葉注釈者である仙覚である。

ここではとりあえず仙覚のカタカコの説をとる。諸説あるが、これも今後の課題としたい。かたくりは、春になるとあちこちの里山でみることができる。

かたくりのおひたし

材料

かたくり

自然塩	少々
醤油	適量
みりん	適量

かたくりは甘みがあり、お浸しにすると美味しい。根の部分はよく洗っておく。花の部分も食べられる。

沸騰した湯に塩を少々入れてさっと茹で、水にとる。

茹でたかたくりは根の部分を落として食べやすい大きさに切り、醤油とみりんを合わせた調味料で和える。

食べてみて、調味料の量を好みで調節すると良い。美味しいからといって、一度にたくさん食べ過ぎないように。

右器（甕）栃谷南遺跡
左器（高杯）室住池Ⅴ遺跡 5 号窯 108

しただみ

能登国の歌

香島根《かしまね》の　机《つくえ》の島《しま》の
しただみを　い拾《ひりひ》持ち来て
石もち　つつき破《やぶ》り
速川に　洗ひ濯ぎ　辛塩《からしお》に　こごと揉み　高坏《たかつき》に盛《も》り
机に立てて　母にあへつや　目豆児《めずこ》の刀自《とじ》
父にあへつや　身女児《みめご》の刀自《とじ》

大伴家持　（巻十六－三八八〇）

磯で獲れたしただみ

訳

香島根の、机の島のしただみを拾い取って来て、石でこつこつ殻を割り　速川で洗い清め、塩辛でごしごし揉み、高坏に盛り、代に載せて母上に差し上げたかい。かわいい娘さん　父上に差し上げたかい　身女児の娘さん

香島の津は『延喜式』には、「加島津」とあり能登国の国津として記されている。この地は、早くから重要な役割を果たしたことは、南湾に臨む七尾市万行遺跡（四世紀）の巨大な倉庫跡からもうかがえる。机の島には諸説があり不明。七尾西湾の種が島南端に接する机島に擬する説などがある。しただみは、現在でも能登地方にはニシキウズガイ科の貝をしただみと呼びそれを使った郷土料理がある。しかしほとんど忘れ去られている。

能登　机の島

しただみの調理

能登の磯で獲れる小型の巻貝を「しただみ」と呼んでいる。

しただみは夏の７月から８月頃がもっとも美味しい時期。

能登の磯にしただみを獲りに行こう。

写真は能登島で採取したもの。岩の間にたくさんいる。

調理は、採取した「しただみ」を天然塩を入れた鍋で茹でる。

次に一つ一つ針で突いて身をとりだす。

当時は石で砕いていたようだ。大変手間がかかるが、アワビにも劣らない美味である。

器（高杯）室住池V 6号窯 445

鯛《たい》

醤酢《ひしほす》に　蒜搗《ひるつ》き合《か》てて、
鯛《たい》願ふ　我れにな見えそ　水葱《なぎ》の羹《あつもの》

長意吉麻呂《ながのおきまろ》（巻十六―　三八二九）

訳

醤酢に蒜搗き加えて鯛が食いたい。私の目前から失せろ。そこな水葱の羹よ。

「海幸彦山幸彦」伝承は「書記」神代下第十段では、釣り針を飲んだ口女《ぼら》につきそう赤女《たい》を登場させており、「古事記」ではタイ女が釣り針を飲む設定になっている。このようにタイは日本近海の代表的な海産魚として上代から食用として珍重されてた魚である。

めでたい席には必ずと言っていいほど出てくる。鯛は日本中、どこでも獲れる魚で特に旬はなく、万葉集では八種の魚名をみる。

鯛は体色が赤色で、その姿の美しさと淡泊な味から日本人にとって象徴的存在の魚である。一般的に、鯛と言えばマダイになり年齢二十才で体長は一メートル、体重は十二キログラム余りになる。富山湾では鯛をマダイと呼び、幼魚はネブゴト、若いタイはメダと称する。

鯛はここではシンプルに塩焼きとしたが、この大きな鯛を家庭で焼くのは少し難しいと思う。

器（皿）・室住池Ⅴ遺跡６号窯 405

鴨《かも》

放逸せる鷹を思ひ、夢に見て感悦して作る歌一首　併せて短歌

大君の　遠の朝廷ぞ　み雪降る　越と名に追へる　天離る　鄙にしあれば　山高み川とほしろし　野を広み　草こそ茂き　鮎走る　夏の盛りと　島つ鳥　鵜養が伴は　行く川の　清き瀬ごとに　篝さしなづさひ上る　露霜の　秋に至れば　野も多に　鳥すだけりと　大夫の　友誘ひて　鷹はしも　あまたあれども　矢形尾の　我が大黒に　大黒とは鷹の名なり　白塗の　鈴取り付けて　朝猟に　五百つ鳥立て　夕猟に　千鳥踏み立て追ふ毎に　許すことなく　手放れも　をちもかやすき　これをおきて　また

はありがたし　さ慣らへる　鷹はなけむと　心には　思ひほこりて　笑まひつつ　渡る間に　狂れたる　醜つ翁の　言だにも　我れには告げず　との曇り雨の降る日を　鳥猟すと　名のみを告りて　三島野を　そがひに見つつ　二上の　山飛び越えて　雲隠り　翔り去にきと　帰り来て　しはぶれ告ぐれ　招くよしの　そこになければ　言ふすべの　たどきを知らに　心には　火さへ燃えつつ　思ひ恋ひ　息づきあまり　けだしくも　逢ふことありやと　あしひきの　をてもこのもに　鳥網張なり　守部を据ゑて　ちはやぶる　神の社に　照る鏡　倭文に取り添へ　祈ひ祷みて　我が待つ時に　娘子らが　夢に告ぐらく　汝が恋ふる　その秀つ鷹は　松田江の　浜行き暮らし　つなし捕る　氷見の江過ぎて　多古の島　飛びた廻り　葦鴨の　すだく古江に　一昨日も　昨日もありつ　近くあらば　いま二日だみ　遠くあらば　七日のをちは　過ぎめやも　来なむ我が背子　ねもころに　な恋ひそよとぞ　いまに告げつる

大伴家持　（巻十七 - 四〇一一）

万葉集中に約三〇例あり越中万葉歌では二例みられる。この歌は家持の逃げた鷹をよんだ歌に「葦鴨」と水辺に生える葦とともにみられる。この葦鴨をヨシカモのこととする説もあるが、季節が合わない。いずれも布施の水海の景である。

平城京跡から出土した木簡には「鴨四羽百文」とあり鴨一羽が二五文で売買されている。比較的高価である。鴨はニワトリなどと比べ脂質が少なくたんぱく質は多い。淡白な肉質が好まれたのだろう。フランス料理にも欠くことのできない食材である。その他ツル・オシドリ・タカ・チドリ・ハクチョウ・ウ・ヒバリ・カモメ・ヤマバト・スズメなども捕獲されていた。こうした野鳥を獲るのが各地の御厨の任務であったらしい。

長野県諏訪大社に「御射山祭」という神事がある。すすきの穂で葺いた穂屋（狩小屋）にこもり狩猟と豊穣を願う神事で、古代の狩りの姿をつたえている。ここでは、鴨は酒蒸しとした。

器（鉢）室住池Ｖ遺跡６号窯 399

すすたけ

植竹《うゑたけ》の　本《もと》さえとよみ出でて去なば

いづし向きてか妹が嘆かむ

東歌（巻十四 - 三四七四）

訳

家じゅう大騒ぎして私が旅だった後、妻はさぞ嘆き悲しむことだろう。

「植竹」は竹林のことで「本」への枕詞としている。防人などに出立の時の歌。

『和名抄』にはタケノコを味甘く無毒、焼いてこれを服すというから薬効を目的として焼いて食べることがあったようだ。

また孟宗竹が日本に入るのは十八世紀であるから万葉時代にはないことからこの時代の竹は縄文時代晩期に中国から伝来したと言われるマダケだろう。

すすたけの調理

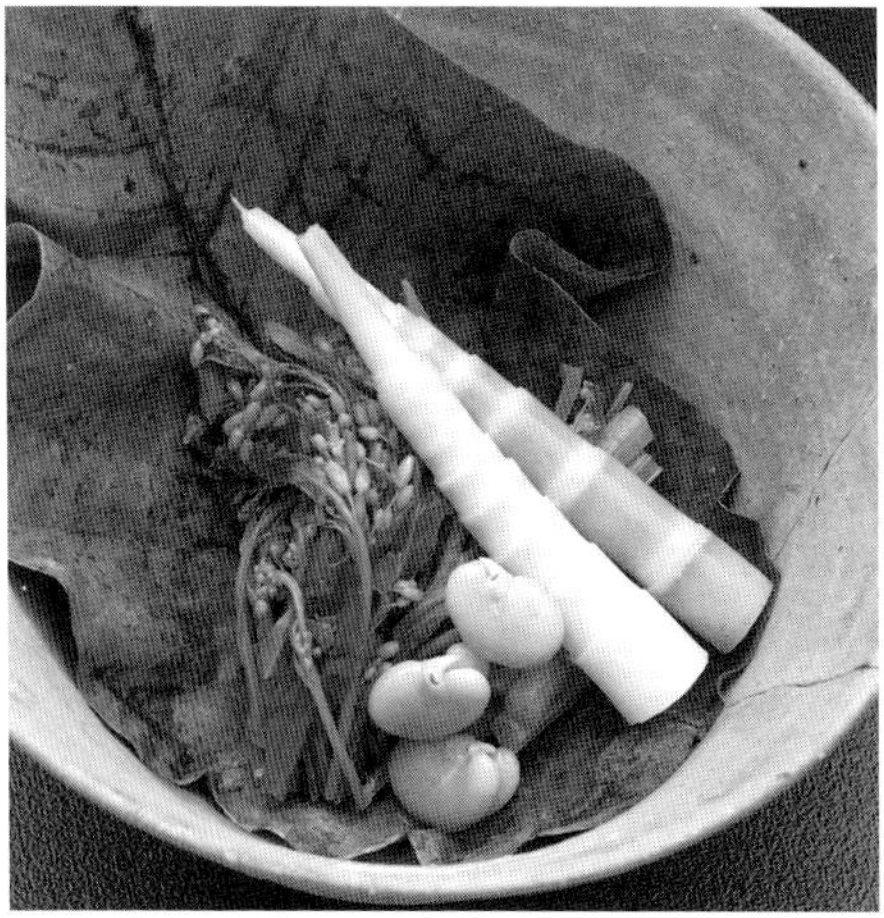

材料

すすたけ
天然塩
だし汁

すすたけは、皮のまま少々の塩を入れた鍋で約20分程茹で、茹で上がったら水にとる。

その後、皮をむきだし汁に漬け込む。だし汁はお好みだが、古代の人は昆布などを使っただろうか。うす味で、すすたけの味わいを楽しもう。

器（皿）室住池Ｖ遺跡６号窯 407

赤《あか》 米《まい》

夢の裏に作る歌一首

あらき田の　鹿猪田《ししだ》の稲《いね》を
倉に上げて　あなひねひねし　我が恋ふらくは

大伴家持　（巻十六‐三八四八）

右の歌一首　忌部首黒麻呂《いんべのおびとくろまろ》、夢の裏にこの恋歌を作りて友に贈る。覚きて誦習せしむるに、前の如し

訳

夢の中で作った歌一首
新開の、猪田の稲を倉に上げて納めて
ああひねしねし（恨めしいことだ。）私の恋は

赤米は近年、注目をあつめている。酒やワインなど各地で商品化されている。古代日本には、赤米伝来の記憶を伝えるものに赤米神事がある。鹿児島県種子島茎永の宝満神社、長崎県対馬厳原町豆酘の多久頭魂神社、岡山県総社市新本の国司神社には赤米神事が継承されている。中でも対馬と種子島では行事の所作の中に古代の姿を彷彿させるものがある。次ページの写真は種子島、宝満神社の赤米神事。赤米は穀霊（稲魂）として祀られる『魏志倭人伝』。筆者はこれらの神事を拝見する機会を得た。

写真の赤米は白米と混ぜておにぎりとした。敷葉は椎の葉を用いた。

赤米神事。
氏子によって赤米の苗を植え付けていく。

馬耕舞。
神楽舞の中で最もコミカルで笑い声が聞こえ休ませてくれる。

煮しめは名産のトッピー（飛魚）の煮物、干し大根、こんにゃく、揚げ豆腐、ニンジン。

器（皿）室住池Ⅴ遺跡６号窯 413

藻《も》　塩《しお》

石川少郎の歌一首

志賀《しか》の海女《あま》は　藻《め》刈《か》り塩焼《しおや》き暇《いとま》なみ

くしげの小櫛《をぐし》　取りも見《み》なくに

石川君子　（巻三 - 二七八）

訳

志賀の海女は　藻を刈ったり塩を焼いたりで暇が無いので、くしげのくしを手にとって見ることもない

古代の塩作りには女も加わった。男でも重労働で、まして女にとっては髪をすく暇もないくらいに過酷な仕事だったのだろう。

製塩にはいくつもの手法がある。

能登では、江戸時代初期より加賀藩の庇護を受けた揚げ浜式塩田が著名で国の重要有形文化財に指定されているが、万葉時代の塩の作り方は、潮の引いた海岸に露出した藻を刈り取り、「くぐつ」という「浜すげ籠」に入れて浜に運び、海藻類に海水を注ぎかけて塩分を多く含ませ、それを焼いて水分を飛ばし塩分を濃縮した後、水に溶かし、その上澄みを煮詰めて塩を作った。この方法を藻塩焼きと言う。

宮城県の塩釜神社の末社で御釜神社では、今でも毎年七月四日から三日間藻塩焼き神事が行われている。神事は四日の海藻刈り、同神社の御神体の神釜に新しい海水を

入れる五日の水替えを経てこの日の藻塩焼きにつなぐ。境内の石の竈（かまど）に乗せた鉄釜に、海藻を通した海水を注ぎ、神職が丁寧にあくを取りながら煮詰めると、あら塩が出来上がる。

私が訪れたのは丁度、東北大震災の直後であったが、古式ゆかしく執り行われていた。宮司はこういう時こそ神事が必要だと言われた言葉が印象的だった。近年では「塩竈の藻塩」として商品化している。

ここでは能登の藻塩を使用した。

器（皿）室住池Ｖ遺跡６号窯 412

寒《かん》　天《てん》

麻績王聞之感傷和歌

うつせみの　命を惜しみ　波に濡《ぬ》れ
伊良虞島《いらごじま》の　玉藻《たまも》刈《か》り食《は》む

訳

命が惜しさに波に濡れ、伊良虞《いらご》の島の玉藻を刈って食べている。

寒天の古名は古留毛波《こるもは》・古古呂布止《こころぶと》と呼ばれ、漢字で心太と書いて「かんてん」と呼ぶ。寒天は八世紀に遣唐使により日本にもたらされた。奈良・平安時代の高貴な人々の好む食品だった。現在の寒天の名は、中国から帰化した、宇治万福寺の創立者隠元禅師が命名したという。「万葉集」には玉藻刈るという表現があるように、大量の海藻を採っていた。海藻は採取しやすく、風味がよく栄養にも富む海藻は、乾燥すれば持ち運びも容易、盛んに諸国から都に搬入され貴重な食材であったから歌に詠まれる機会も多かったのだろう。ここでは天草の仲間の「えご草」（能登産）を使用した。

えご草（能登・輪島朝市）

えご草の調理

能登ではえご草は、輪島や珠洲で採れる。ぷりぷり感が味わえる海藻である。

えご草は１０分ほど水につけ、やわらかくなったら何度か水を替えながらよく洗う。

洗ったえご草をしぼって水に入れ火にかける。湧いてきたら弱火にし木べらで４０～５０分ほどじっくりと練り上げる。古代人になりきって練ろう。

流し箱に入れ、粗熱《あら》をとってから冷蔵庫にいれて冷やす。

固まったら適当な大きさに切り分けて酢などで食す。

器（皿）室住池Ⅴ遺跡6号窯 46

蘇《そ》

蘇は古代の乳製品で万葉人もミルクを飲みチーズも食べていた。多分滋養強壮薬として摂取していたと思われる。

『新撰姓氏録《しんせんしょうじろく》』によれば、孝徳天皇が朝鮮半島からの渡来人が搾《しぼ》ったミルクを飲んだと記されている。

ミルクを搾りチーズ（蘇）を作る技術を伝えたのは、帰化後の姓を「和薬使主」と名のる一族で欽明朝二十三年（五六二）と言われている。しかし、これを用いたのは、天皇や一部貴族のみで庶民には程遠い食材であっただろう。

ただ、万葉集には蘇を詠んだ歌はない。

蘇の作り方だが、まず搾りたての牛乳を銅鍋で約四時間弱火で煮詰めゆっくりと練り上げていく根気のいる仕事だ。味はキャラメルのような触感になる。

参考文献

日本古典文学全集9万葉集④　小学館（1996）
越中万葉百科　高岡万葉歴史館（2007）
食の万葉集　古代の食生活を科学する　廣野卓著（1998）
万葉集にみる食の文化ー穀・菜・塩ー　一島英治著（1993）
越中　萬葉地名雑考　清田秀博著（2005）
食べ物の考古学　木下正史・堀内秀樹ほか著（2007）
食の文化史　大塚滋著（1975）
古典植物辞典　松田修著（2009）
奈良時代の富山を探る　フォーラム全3回の記録　富山市教育委員会（2004）

食材と器

食材と器

古来からの食材とその当時の遺跡からの出土品の器を組み合わせて料理が再現できないものかと、富山市埋蔵文化財センターに趣旨を話してお願いしたところ出土品の器に料理を盛る了解を頂いた。

学芸員立ち合いのもと、器に盛り慎重に撮影が進められた。富山県内には多くの遺跡があり出土品もあるがその多くは倉庫に保管されている。中でも栃谷南遺跡の窯の操業時期と大伴家持の赴任時期がほぼ一致しているところから多くを使用した。

この遺跡から瓦が多く出土しているがその供給先は今だに不明である。

万葉時代の古代の人々は土師器や須恵器を使った。土師器とは、弥生土器の流れをくむ、紐状の粘土で製作した素焼きの土器で日常の器として使用された。須恵器とは古墳時代に大陸から伝播した陶質の土器でろくろを使って製作された。

栃谷南遺跡

栃谷南遺跡は、富山市の中心部から西へ八㎞の、射水市（旧小杉町）に近接する富山市栃谷地内に所在している。東には呉羽山丘陵がそびえ、西には射水丘陵を臨む水田地帯の中央部に位置する。標高は約十五ｍを測る。

栃谷南遺跡は八世紀中頃から後半にかけて操業した須恵器と瓦を焼く窯跡が二基検出された。大量の瓦を焼成後須恵器を焼成、土師器焼成も行われ、製鉄関連遺物も出土している。呉羽丘陵や射水丘陵には、奈良・平安時代の生産遺跡が多く確認されている。

このように、栃谷南遺跡周辺には、県内でも有数の遺跡の集中する地区である。早くから生活を営む場として、また手工業生産地帯として栄えてきた痕跡を今に見ることのできる遺跡の宝庫といえる。

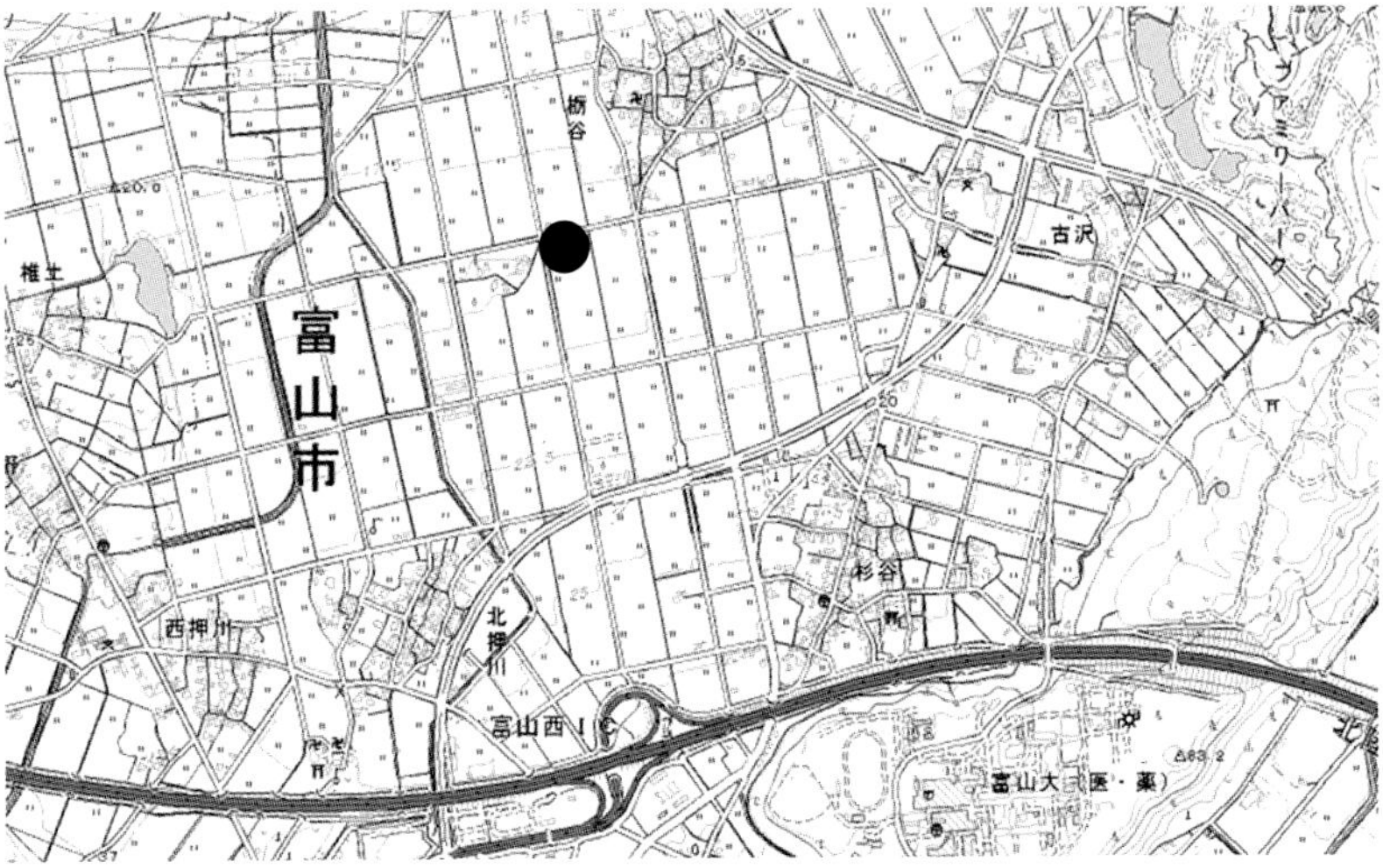

栃谷南遺跡　位置図

出土した軒瓦

出土した器（杯・蓋）や壺

『栃谷南遺跡』富山市教育委員会 1999

太閤山カントリークラブ地内遺跡群

太閤山カントリークラブ地内遺跡群は、富山市街地の南西の富山市と射水市（旧小杉町）にまたがる射水丘陵に所在する。明神移籍Ⅲ地区では、二基の須恵器窯が検出された。1号窯からは食膳具を中心に焼成していた。また室住池Ⅴ遺跡Ⅰ地区からは、須恵器窯四基いずれも床面のみで窯を構築し操業を継続していた。炭焼窯も三基検出されている。

奈良から平安時代にかけて、射水丘陵は古代窯業の一大生産地となる。

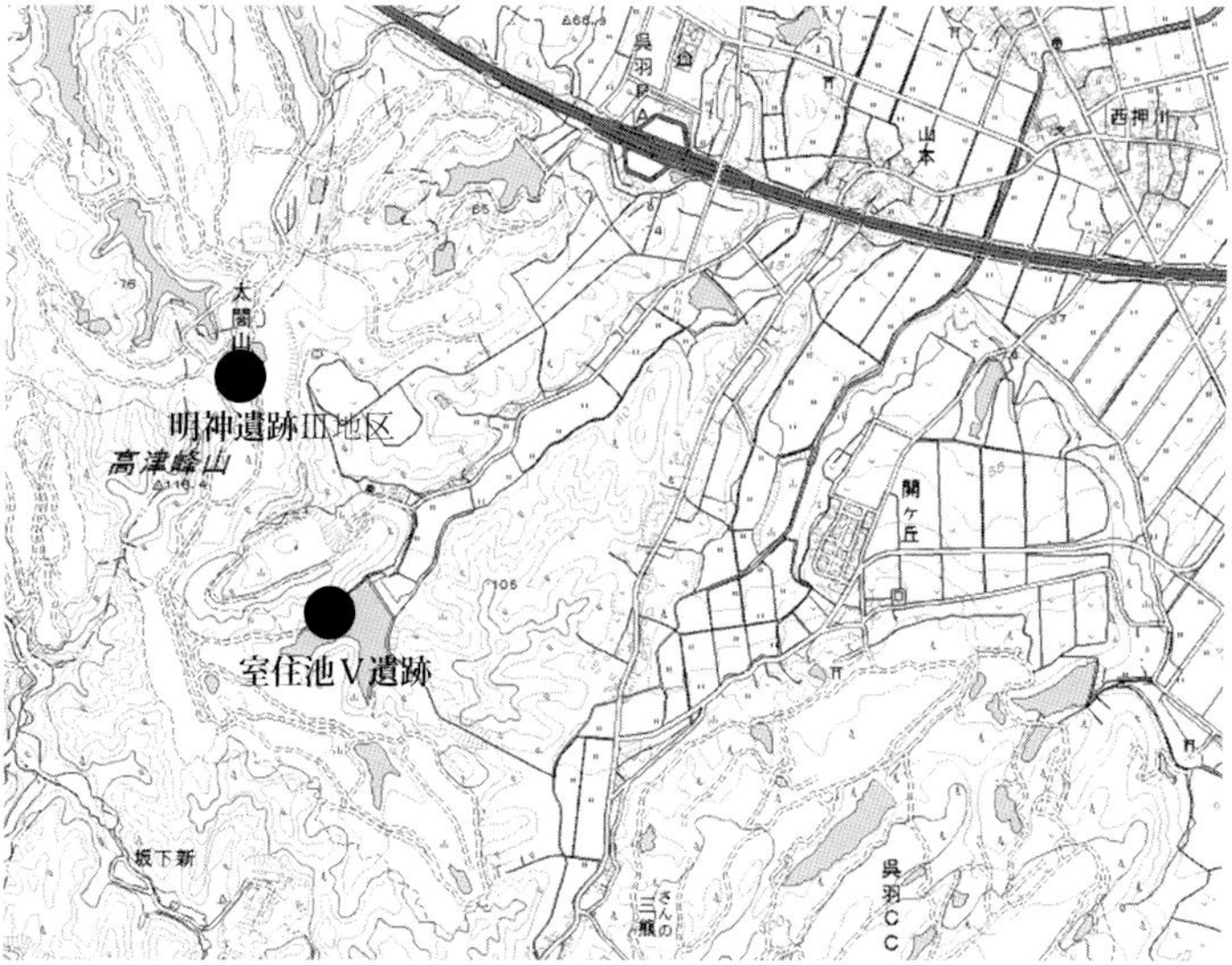

太閤山カントリークラブ地内遺跡群

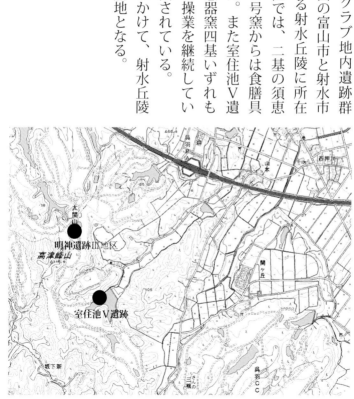

明神遺跡Ⅲ地区　瓦塔出土状況

室住池Ⅴ遺跡Ⅰ地区６号窯出土鉢 399
『富山市太閤山カントリークラブ地内遺跡群発掘調査報告書 (1)』
富山市教育委員会 1997

むすび

古代万葉時代の食を史料から抽出してみると、万葉びとが食材とした品種がじつに多彩なことに驚かされる。いまでは食用にしていない物まで巧みに利用している。

食文化をはじめとする古代日本文化が急速に進展するのは、五世紀から六世紀にかけてである。

この時代が大陸や朝鮮半島からの文化吸収に積極的であったためだろう。こうしてもたらされた食文化や加工技術が、古代日本の食文化形成に強い影響を与えた。またここでは触れなかったが酢や発酵食品がさらに食生活を豊かにした。

この時代の史料には食の実態は極めて少なく、

その全容も明らかでないが、こうした自然と一体となった生活の中にこそ、真の豊かな食の情景を見ることができるのだろう。紹介した料理等はあくまでも筆者の創造の域を脱していない。今後の課題としたい。

なお、本著の発刊にあたっては桂書房カーサ小院瀬見編集部スタッフにたいへんお世話になった。また本著で再現した万葉料理は当店で味わうことができるので、ぜひお越し頂きたいと思う。

蜃気楼

論考集

ここには筆者の考察「葦附のカワモズク説について」と「大伴家持の春巡行の鵜飼について」の２編を収める。

葦附のカワモズク説について

はじめに

万葉集に次の歌がある。

雄神川《おがみかわ》　紅《くれなゐ》にほふ　娘子《をとめ》らし
　葦附《あしつき》（水松之類（みる））取ると　瀬に立たすらし[1]

（四〇二一）

この歌は越中国守大伴家持が、天平二十年（七四八）春の出挙の際に国内巡行した時の作九首中の第一首の歌である。

歌中の「葦附」は、万葉集中では、この歌以外には見られず、また他の書中にも見られない。

これについて、古くは、賀茂真淵が、「葦附」について次のように述べている。

「今本ここに水松之類とあるは心ゆかず　水松は海松なれば川にあるべからず　菱のにて足つく事あれば　菱の子を足突といふべし　すべて此に註は　自の註ともみえぬ事あるは竪にもいへり[2]」

つまり、水松は海松だから川にはなく「葦附」は借字で「足突」のことだと述べている。菱殻のことつまり足に刺さる殻としている。

その後、富山県立砺波高校教諭で「葦附」の研究家の御旅屋太作氏が、庄川左岸で石に付いている寒天質の水生植物を発見し、「裂殖藻門　念珠藻科　念珠藻属」に属するものとして、万葉集に歌われた「葦附」だと発表した。(3)

大正十一年には理学博士の小泉源一氏と供にアシツキノリと命名した。

この説を全面的に支持したのが、当時四高で国文学を教えていた鴻巣盛廣教授であった。

鴻巣教授が著書の『北陸萬葉集古蹟研究』で記すところによれば、昭和六年八月五日に御旅屋氏を尋ね葦附の採取地を訪れたあと、現地踏査の重要性を痛感され御旅屋氏の説を紹介し、古来の疑問を解決したとよろこばれたとある。(4)

鴻巣教授が訪れた時点と現在とでは周辺環境が変わっており地点の特定はできないが、その生育地近辺の「上麻生のあしつきのり」と「西広上のあしつきのり」は、昭和四十年一月に、富山県天然記念物に指定された。これにより「葦附」はアシツキノリだとする見解が、ほとんど定説となった。

一方この説に対する異論が富山大学教授の和田徳一氏によってだされた。和田徳一氏は、「葦附水松之類私考」や「越中万葉植物考」などにカワモズク説を述べられている。(5)

今日、万葉集の研究では、アシツキノリ説が、ほぼ定説となっているものの、カワモズク説がまだ、決着がついているのではないように思われる。そこで、本編では、かかるアシツキノリ説とカワモズク説とを実地観察を踏まえて、はたして「葦附」とは、いかなるものなのか考えてみたい。

1　アシツキノリ説への批判から

和田徳一氏は「葦附」をアシツキノリとした場合の季節のずれを指摘されている。一般に、この歌は、陽暦の三月上旬から四月上旬の約一カ月のあいだに作られたとされている。ところがアシツキノリの生育の最盛期は、六月中旬から七月中旬であって「葦附採る」などということは、実際と合致しないというのである。

近年アシツキノリが富山県内で発見されている。かつては庄川の特産のように思われていたが利賀川・百瀬川・黒部川・布施川など各地河川に発生していることが報告されている。私は六年ほど前から利賀村の富山県生物学会理事の須河隆夫氏のご指導のもと利賀川でアシツキノリを観察しているが二月から三月にかけて最盛期ではないにしても充分採れることがわかった。伊豆や京都では採取が出来るほどに越冬するという。

須河氏によればアシツキノリは、日が良く当たる小川や水路の清流を好み酸素の要求度が強く、泥の付着を極度に嫌い、水温十三度から十五度、流速二十㎝／ｓから三十㎝／ｓそして山からのミネラルが豊富であるなどの条件が整わなければは繁殖しないという。[6]

利賀村の新田橋から上流十m付近の「山の神谷」より流れてくる水路の升型の護岸ブロックにアシツキノリが、付着しているのである。このようにアシツキノリの生育に、充分な条件を利賀川は、みたしているのである。

このことは、藤田富士夫氏も報告されている。[7] 著者の体験として、二月に川に入ってみたが、さほど冷たさを感じなかった。八世紀の後半は、現代より気温が、一度ほど高く「中世温暖期」

であったとされている。(8)

2　イシツキとアシツキノリ

次に、和田徳一氏は、アシツキノリは水底の石にのみ付着していて、葦には付いていないとされた。そして、現在の高岡市中田町に石附姓を名乗る家が数軒あるが、明治の初期にこの水生植物をイシツキと呼んでいた証拠であるとした。

たしかにアシツキノリは石に付着しているが、利賀川で須河氏の許可を得て採取してみると、アシツキノリは、大変デリケートな水生植物でぬるぬるしていて、そっと取ってやらなければすぐ流れ去る。また、少しでも川の流れが速くなれば流れ去るのである。その流れ去ったアシツキノリが、下流で水草などにからみ付き葦の根についたのであろうと私は、考えている。つまりそのイシツキが、アシツキノリであっても不思議でない。和田氏が言われるカワモズクも葦に付いていなくて石に付いているである。

3　水松之類について

また和田氏は理由に「水松之類」という註が葦附の下につけられているのに注目されている。「水松」は海藻のミルであって『和名抄』や『和漢三才図会』をみると、たしかにアシツキノリとは似ても似つかないものである。むしろ和田氏が説くカワモズクに近い。

このことについて清田秀博氏が『万葉地名雑考』の中で、和田氏は「同類」すなわち「仲間」という意味に解して、今的植物分類的な見方で見ているが、上代の人々は、このような植物を深く研究しての種目別に分類する立場によっての注記ではなく、アシツキノリが水中に生えている植物であるという意味で、ともに水生植物として「水松之類」という註記をつけたのではないだろうかと述べている。(9)

私は、植物学については詳しくないが、この説を傾聴すべき見解としてここに記する。

さらに和田氏はアシツキノリの発生場所を「葦附水松之類」私考で、高岡市中田地区に限定しているが、さきほど述べたようにアシツキノリは中田地区だけに限ってあるものではなくて条件が整えばどこでも発生するのである。

4　カワモズクについて

ところで和田氏の言われる「カワモズク」とはいかなるものなのだろうか。

『大辞林』には、紅藻類カワモズク目の淡水藻。柔らかく粘質に富み主軸から輪生状に枝を出し数珠のようにつながり、冬から春にかけて小川などに生育するとある。

「水松」を『和漢三才図会』によると、次のようにある。

「本綱、水松は状松の如く、石帆は状栢の如くにして海嶼の石上に生ずる草類なり。葉無く高さ許り尺、其の花楼を離れ相貫連す。若し死るるとき則ち水中に浮かぶ。人海辺に於て之れを得、稀に其の生なる者を見ること有り。紫色にして梗大なる者筋の如く、風を見漸漸に硬く、色は漆の如く、稍上に至りて、漸く軟かに交羅紋を作りす。人以って飾り、珊瑚の装りを作す」

5 カワモズクの生息地

「カワモズク」を、富山県内でなかなか探せずにいた。

とりあえず和田氏が「葦附水松之類」私考の中で、触れられていた黒部川扇状地の黒部市布施古御堂地区を探査したが、見あたらなかった。黒部市生地地区の川もつぶさに探してみたが見つからない。村の老人達にも尋ねたがわからないと言う。

和田氏の言われる昭和四十年代の時とは、環境が変化した為なのか当時とは、ずいぶん変わっているとのことである。その後何度か足を運ぶうちに、黒部市吉田科学館学芸員の宮崎千夏氏から「カワモズク」が生育している場所を知っている方がいると連絡がはいった。その方は、富山県自然保護協会理事の本瀬晴雄氏であった。

入善町の「沢スギ自然館」東側約十ｍにある水路にカワモズクが生育しているとのことを電話でうかがうことができた。さっそく現場に赴いたが、私が訪れた平成二十四年三月六日にはあたりはまだ雪に覆われていて「沢スギ自然館」も閉館中だった。水路は、約一ｍ、水温十℃、水はゆるやかに流れている。水路は常に澄んだ湧水が流れ込んでおり奥の『杉沢の沢スギ』の林に通じている。『杉沢の沢スギ』は、国の天然記念物に指定され、入善町の自然環境保全地域にもなっている。自然のスギ林と湧水を中心とした自然植物園の観がある。雪を、かきわけて奥の方まで入ってみたが、確認できなかった。

山の神谷からの水路

利賀川採取の
アシツキノリ

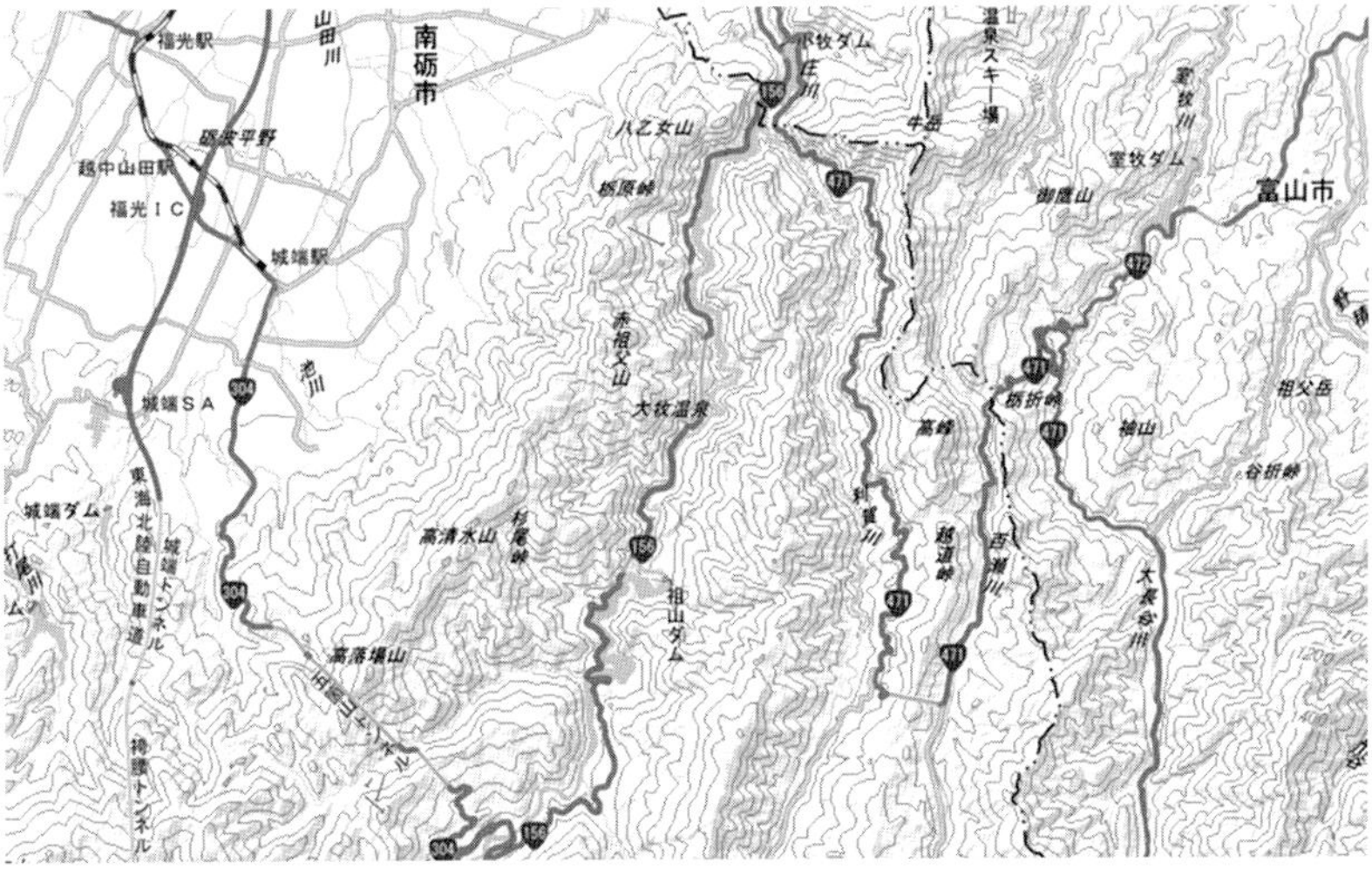

南砺市　利賀

再度六月十二日に見にいったときには、沢スギ自然館も開館中でわずかにカワモズクの生育を確認できた（水温十二℃）。コンクリートで造られた水路の縁に、揺らぐようにして付着していて赤みを帯びた姿は、ほかの水草のなかにまじっているため、なかなか見分けるのは困難だった。

おわりに

今回、私は、利賀川でのアシツキノリと杉沢でのカワモズクの両方を観察する機会を得た。その体験を通して、利賀川の「アシツキノリ」は容易に見分けられたが、杉沢の「カワモズク」のほうは、よくよく観察しなければ見分けられなかった。「カワモズク」も、最盛期は「アシツキノリ」とほぼ同じであるがほんのわずかの生育量しか見られず、それにひきかえ「アシツキノリ」は大量に群生しており万葉集（巻四〇二一）にある娘子たちでも容易に採取できるものと確信した。

最後に、私事であるが、私は、料理人である。

「アシツキノリ」のほうが圧倒的な量が採れること。そして食べてもおいしい。色々とレシピを考えて試したが、揚げてもよし、佃煮でもよし、生でもこりこりしていて「きくらげ」のような食感が味わえる。そしてなにより瓦の上で乾燥させることにより長期保存が利くということが大事である。一方「カワモズク」のほうは、生で酢の物にしてみたが、もそもそしていておいしくなく食感が悪くて食用にはむかないようにおもわれた。以上のことから「アシツキノリ」が「葦附」であることに確信をもった。

沢スギ自然館水路

沢スギ自然館

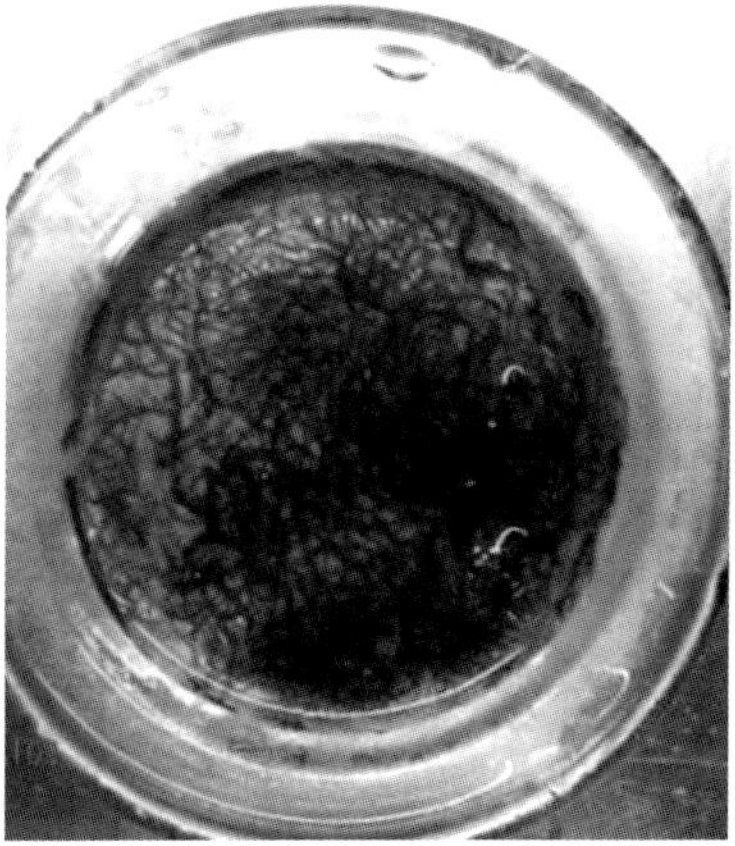

カワモズク

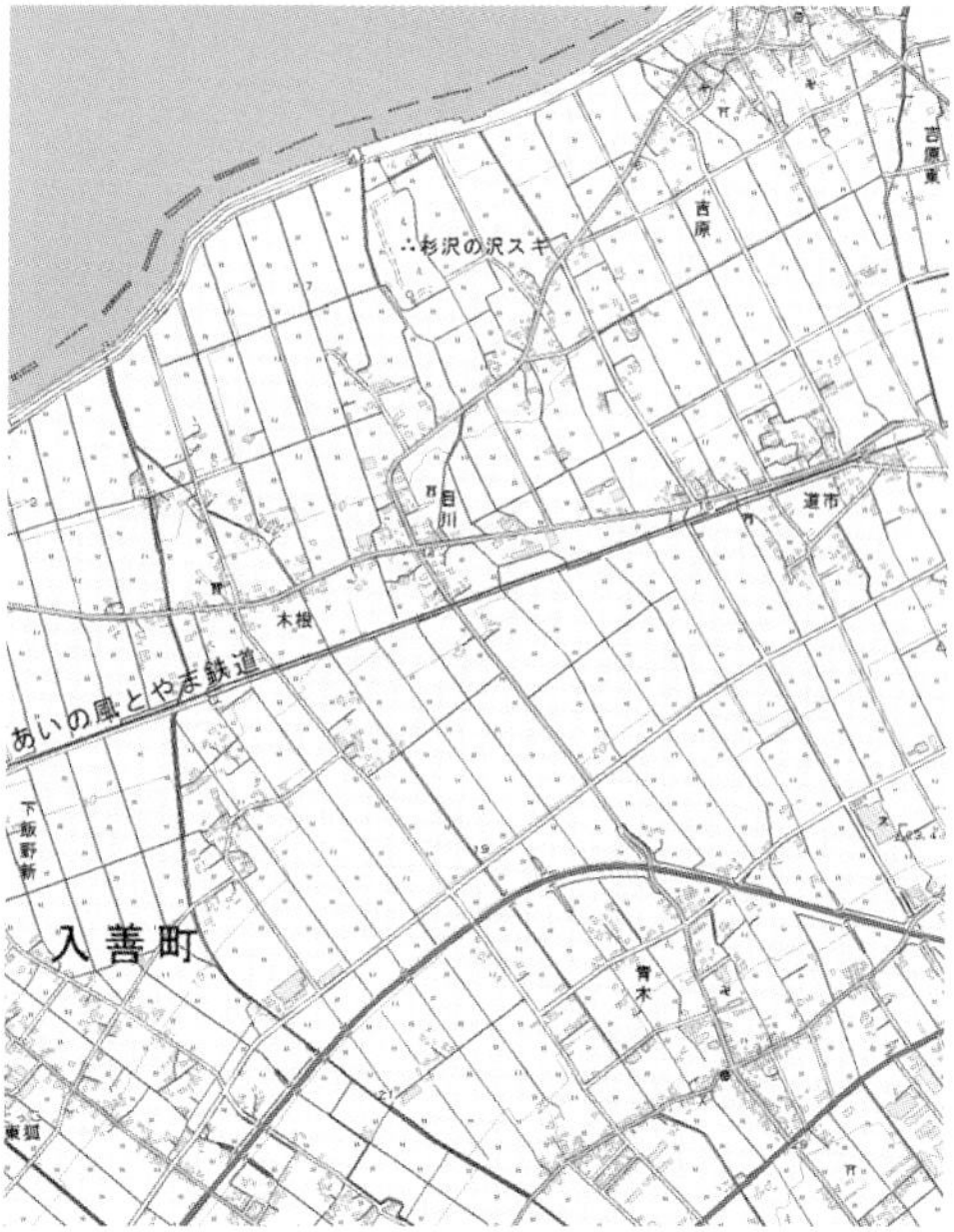

沢スギ自然館所在地

注

（1）引用歌は小島憲之、木下正俊、東野治之校注・訳「新編日本古典文学全集⑨万葉集④」小学館　2006年に拠る。

（2）賀茂真淵「賀茂真淵全集第13」　萬葉集巻十七之考2932頁

（3）御旅屋大作「庄川産葦附苔」「富山懸史跡名勝天然記念物調査會報告」富山懸内務部　1992年15～20頁

（4）鴻巣盛廣「北陸万葉集古蹟研究」宇都宮書房1934年23～33頁

（5）和田徳一「葦附水松之類」私考「富山県高等学校教育研究会」53～56頁

（6）須河隆夫「南砺市五箇山地方におけるアシツキ（葦附）の観察」「富山の生物」No.45富山県生物学会2006年　33～35頁

（7）藤田富士夫「大伴家持の春巡行と立山の景」万葉古代学研究所年報　第9号抜刷　平成二十三年（2011）3号発行220～222頁

（8）安田善憲「気候変動の文明史」ＮＴＴ出版　2007年85～86頁

（9）清田秀博「越中萬葉地名雑考」桂書房2005年54～55頁

大伴家持の春巡行の鵜飼について

―巻十七・四〇二三歌の鮎占説―

1．はじめに

越中国守であった大伴家持は、天平二十年（七四八）春出挙のため越中四郡（射水・礪波・婦負・新川）を巡行した際に婦負郡で次の歌を詠んでいる。

鸕を潜くる人を見て作る歌一首

婦負川の　速き瀬ごとに　篝さし　八十伴の緒は　鵜川たちけり

（巻十七・四〇二三）

口語訳は、「婦負川の　早瀬で　篝火を焚き　八十鵜養らが　川狩をしている」とされている。(1)「婦負川」は、今日の神通川に比定されており、ほぼ定説化している。(2)

神通川は、源を岐阜県川上岳に発し、宮川と高原川が岐阜・富山県境で合流し、富山平野の中央部を貫流して富山湾にそそぐ大河川である。

大伴家持は、天平二十年春出挙の際、月日を記してない。そのため、これまでもしばしばその季節感が問題とされてきた。

『新編日本古典文学全集9　万葉集④』（巻十七・四〇一一三）の頭注では「ここは太陽暦の三月中旬で、鵜飼に適当な時期とも思われない」とある。また、次の歌に注目した。

天平勝宝二年（七五〇）の鸕を潜くる歌一首并せて短歌

あらたまの　年行き反り　春されば…（中略）…川の瀬に　鮎子さ走る　島つ鳥　鵜養伴なへ篝さし…（後略）…　（巻十九・四一五六）

この歌の頭注には、「若鮎が飛び跳ねて泳いでいる。ただし、この三月八日は太陽暦の四月二十二日に当たり、五・六cmに生育した稚鮎が川に上がり始める頃で、漁獲の対象になりにくい」と述べている。(3) 一方、可児弘明氏は、「鵜飼は、夏というのが一般的な見方であるが、鵜は鮎だけを選択にしているわけではない。フナ・コイその他一般雑魚も呑みこむ。島根県益田川の高津川の河口に四軒の鵜づかいがあって冬季、鵜飼を行っている」という。(4)

また、橋本達雄氏は「ここでの鵜飼は例外的に随行官人たちが旅の慰めに遊び興じたのか、郡司たちが国守歓迎のため特別に催したものか」としている。(5) 新谷秀夫氏も同様「国守家持の国内巡行にあわせて、その土地の風物を紹介しようと特別に行われたものだったのかもしれない」としている。(6)

近年、藤田富士夫氏は「本格的な鵜飼シーズンの前には給餌と訓練と運動とを兼ねた馴らしが行われる。家持はそのような光景を『属目』したことによって、間もなくこの地で展開される篝火による本格的鵜飼を想起して讃歌を叙した」としている。[7]

さらに、針原孝之氏は『日本書紀』にある松浦県玉島里（今日の佐賀県）で鮎を釣る神功皇后伝説を引き合いに出して、「春の鵜飼は食糧でなく、呪術行為と理解できないか」としている。[8]

本稿では、この歌の「鵜飼」の「季節のずれ」問題について、考えてみようとするものである。

2．鵜飼の季節を考えるにあたって

天平二十年（七四八）春巡行の実施時期は通説では陽暦（グレコリオ暦）の三月上旬〜四月中旬とされている。一方、藤田富士夫氏は、富山県地域の天候を検討し巡行は四月上旬〜中旬の作としている。[9]

家持は、赴任中鵜飼の歌を八首詠んでいる。

（三九九一・四〇一一・四〇二三・四一五六・四一五八・四一八九・四一九〇・四一九一）

いずれにせよ鵜飼の時期からは、ほど遠い。たとえ鮎が遡上していたとしてもまだ稚鮎で、わざわざ季節外れの鵜飼をおこなうものだろうか。まずは、可児弘明氏の説から見てみよう。島根県益田市の高津川の冬季鵜飼の事であるが、現在は行われていない「本来は夏鵜飼がここでも行われていた。あるとき、漁業権論争に負けたため、断念して冬の餌飼を見せるようになったので、晩年の益田鵜飼は餌飼だけをみせていたのである」と説いている。[10]

橋本達雄氏や新谷秀夫氏の説では、餌飼を家持に特別に見せたことになる。餌飼をわざわざ篝火を焚いて国司歓迎のため、行うものだろうか。家持の対象は、あくまでも鮎であったと思われる。

岐阜県の長良川鵜飼代表の山下純司氏によれば、餌飼は、夜には行わず午前中に行うものだという。夜には魚も寝ていてわざわざ篝火を焚いて餌飼を行わないとのこと。また、本格的な鵜飼のシーズン前に鵜に訓練や運動も行はないとのこと。それは、我々が鵜飼を見るとき鵜匠の巧みな技に感動するが、山下氏によれば、鵜は本来魚取りの名人で、教えることなど何もなくただ鵜の動きにしたがっているだけだと云う。たとえ新鵜（捕獲したての鵜）であっても、訓練や運動などは、行わない。むしろ人間のほうが、訓練や修行をしなければいけないとご教示いただいた。（写真1）（写真2）

写真1　長良川から金華山を望む

写真2　山下純司氏宅の鵜屋

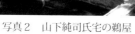

それでは、大伴家持は、なぜ季節外れとも思われる春に鵜飼の歌を多く詠んだのであろうか。

それには、まず鵜や鮎が、日本人にとってどの様に思われていたのか、考えてみることが必要だと思う。

3．聖鳥としての鵜

石川県の能登一宮の気多大社がある。大社の神事に『鵜祭』がある。「神代の昔、大己貴命即ち気多の大神がこの国を巡行して古志の北島から能登の鹿渡島に御着きになされた時、土地の神である御門主比古神が鵜を捕へて大己貴命に捧げまつったという故事を傅へてこの神事がおこなわれた」と伝えられており、又、別伝では、「この時、櫛八玉神といふ神が御門《みかど》・主《ぬし》比《ひ》・古神《こしん》と御相談され、自ら鵜と化つて海中の魚を獲って大己貴命に奉つた故事に基ずく」と

写真３　御門主比古神社

写真４　七尾市鵜浦町にある日和山の灯台

する。[11]（写真3）

鵜祭神事は毎年十二月十六日の午前三時からおこなわれる。鵜は鹿渡島に住む鵜捕主任小西家によって日和山の崖で、捕らえられる。

捕獲方法は、秘伝とされている。また、生け捕られた鵜は鹿渡島に住む二十軒の鵜捕部が、毎年十二月十二日の早朝から鹿渡島を三人ずつ交代で羽咋市の気多神社まで二泊三日約四十㎞の道のりを運ぶ。

鵜捕部三人は素襖を着、頭に烏帽子をかぶる。三人のうち一人が鵜籠を背負い、一人が賽銭を

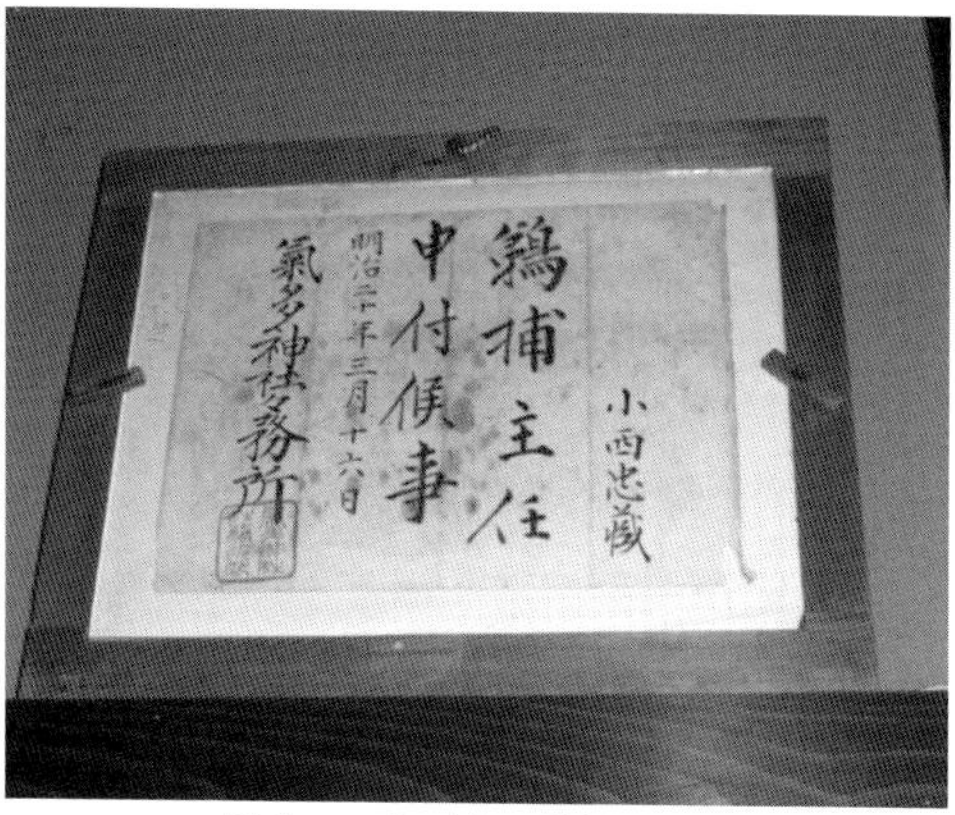

写真５　小西家の鵜捕主任状

写真６　岐阜市長良大前町内の鵜塚

請け、もう一人は「うっとりべー、うっとりべー」と連呼して先触れをして進む[12]。

現在鵜捕主任小西家では、寛之氏（一九六二年生）が跡を継いでいるが、平成二十四年の神事では、その年の台風十九号の影響で、日和山の崖が崩落し八十二年ぶりに捕獲できず〈から鵜〉で行われた。（写真4）（写真5）

筆者もこの神事を二度見る機会があったが、鵜捕部が進む道中で町の人たちは籠の中の鵜を「鵜様」と詠んで敬意を表して手をあわせ吉凶を占うのである。

また、途中鵜が、死亡した場合なども鵜を葬る「鵜埋塚」（鹿西町西馬場地内）も建立されている。長良川鵜飼でも一生を終えた鵜を毎年供養して「鵜塚」に埋葬している。（写真6）

能登には、鵜飼・鵜島（供に珠洲市）、鵜入（輪島市）、鵜川（能部町、）鵜（門前町）、鵜野屋（富来町）それに「鵜様」を捕らえる鵜浦（七尾市）と、鵜のつく地名が多いが、能登半島に生息した鵜はウミウである。鵜飼にはウミウを使うのが一般的である。

鵜が能登に生息したことは古文書資料からも見ることができる。「親信卿記」天延二年（九七四）八月十日の条に出羽国が鵜を貢進した記事を載せ、末尾に「能登・佐渡など貢、先日分給已了」（『加能史料』）平安Ⅲ）とあり、能登国が蔵人所から年料として鵜を貢進されたことがわかる。これは、出羽や佐渡と供に能登が鵜の生息地であったことを示すものだろう[13]。このような「鵜」に関わる事象が当地に集中することから推測すれば、大伴家持が鵜飼に使った鵜も、能登で捕獲されたものと思われる。

小倉学氏は「かくの如く鵜祭の鵜は、もともと神である。その神鵜が参向するといふ形であったと考えたいのである。かやうに鵜は神性を有つてゐるところから、今も人々から『鵜様』と敬称され、非常に神秘視されて信仰の対象となってゐるのである」又「信仰的習俗といふは卜占神仰をさすのである」と説いている[14]。

気多大社の拝殿で行われる神事のクライマックスは、鵜を一対の蝋燭のみが燈された御簾ごしの神前に放され、進み具合によって翌年の豊凶を占うのである。その後、鵜を抱きかかえて、約六百m離れた寺家海岸まで運び放す。ここで放された鵜は、越後の能生の海に行くと伝えられている。

また、日本最古の歴史書『古事記』では、鵜は安産の霊力をもった鳥として登場してくる。「妾は已に妊身み、今産む時になりぬ。こを念ふに、天つ神の御子に生むべからず。かれ、参出到れり」とまをしき。ここに即ちその海辺の波限に、鵜の羽を葺草にして産殿を造りき[15]」とある。つまり海辺に産殿を建て鵜の羽で屋根を葺いたが、全部葺き終わらないうちに豊玉姫は産殿に入り子神を産んだ。この子神が鸕鷀草葺不合尊である。次田真幸氏による注記では、「鵜の羽を屋根に葺く草として用いた理由はあきらかではない。鵜が魚を飲み、またたやすく吐き出すので、鵜を安産の呪いとしたのであろう」とされている[15]。このように鵜は、古来より聖なる鳥と思われていたようである。

4. 稲作と鵜飼漁との関わり

ここで鵜飼の対象となった鮎についてみておきたい。その分布は、北海道の一部を除き本州、四国、九州は全体に及んでいる。サケ・マスが寒流系であるのに対して、鮎はむしろ暖流系の魚である。朝鮮半島から中国各地台湾など、いわゆる極東がその範囲であるが、石の少ない大陸の川では適しない。分布の中心はなんといっても日本列島である。[16]

日本人にとって、鮎は「川の王」である。鮎の解禁日を、多くの太公望が待ち望んで日本のあちこちの河川で竿を垂らしているのを見ることができる。

宮地伝三郎氏は、「鮎漁の豊凶は上り鮎つまり稚鮎の数で決定的となる。鮎の豊凶は暖冬の年に豊作とされる・・・米作に日照の多少が問題とされるように、うっとうしい天候が続くと川の藻の繁殖が悪く、鮎のえさの量に直接ひびいてくる。一方、雨が少なすぎても、陸からの栄養分の補給が少なくて、藻が育ちにくい。

これは年ごとの豊凶とは別であるが、同じ川の支流でも、それに沿って水田があって、肥料分の流れこむのとそうでないのとでは、藻の増え方の違いが目立つし、魚影の多少がそれとつながる[17]」と説いている。ここでは上り鮎の数で天候や稲の出来高との関係を述べている。

『古事記』には、神功皇后が筑紫の松浦県の玉島里においでになって玉島川のほとりでお食事を召しあがったのは三月の上旬のころであり、皇后はその川の岩にお立ちになって、御裳の糸を抜き取り、飯粒を餌にしてその川の鮎をお釣りになったと記されている。[18]

また、日本の鵜飼漁は、その北限が初期稲作の北限にちかい秋田県であり、水稲栽培地帯の分布と重なっている。また、中国の鵜飼漁も、江南から四川・雲南および広東・広西地域といった稲作地帯に分布する。鵜飼漁の技術自体も、元来、中国でおこなわれているのと同様な鵜を自由に放って鵜飼を昼間におこなわれる放ちづかいであると考えられる。可児弘明氏はこれらのことから、鵜飼が水稲耕作文化とともに日本にもたらされたという説を提言している。[19]

とりわけ鵜飼漁のおこなわれる中流河川の多くは、水稲耕作や畑作がおこなわれる農業地帯である事、さらに鮎の遡上の始まる時期と落ち鮎になってゆく時期とが稲作の時期とが同じころだという指摘に注目したい。稲をもった集団と鵜飼漁に従事したひとびとが深くかかわっていた可能性があるのではないだろうか。

5．占いとしての鵜飼

川水の温度が海水の温度に近づく春先に川口に達した鮎は、流れにさからって精一杯上流へとさかのぼってゆく。流れの速い川のまんなかでは、押しながされてしまうので、浅くて流れのゆるい岸近くを上るものが多い。・・・・夜が白々と明けるころから鮎があがりはじめる。(20)

富山湾に面する四方港を拠点として、長年漁師をしている富山市漁業協同組合の高井茂則氏によれば、三月から四月にかけての港では、船を出す際のちょっとした動きで、稚鮎がぴょんぴょん跳ねているのを見ることができると云う。これを「飛び鮎」といい鮎の数で豊漁かどうかわかるとされる。

春先、遡上してくる稚鮎を、川岸で大伴家持は、早朝八十《やそ》鵜養《うかひ》らに、篝火を焚かせ鵜をお使い「年占」をしたのではないだろうか。

以上のように、ここで大伴家持が詠んだ「婦負川の　速き瀬ごとに・・・・」（巻十七・四〇二三）の歌は、聖鳥である鵜と、稲作に関係があったと思われる鮎で鵜飼による天候や稲の出来高を占う鮎占の一種であったのではないかと推考した。

6．饒石川の水占いについて

大伴家持は、越中四郡（春巡行第一部―）視察の後、能登四郡（羽咋・能登・鳳至・珠洲―春巡行第二部―）と赴いた。その中の巻でも占いをしている。

写真７　国道 249 号からの高爪山

写真８　仁岸川中流　馬渡

鳳至郡にして饒石川を渡る時に作る第一首

妹に逢はず　久しくなりぬ　饒石川　清き瀬ごとに　水占延へてな（巻十七・四〇二八）

口語訳には、「妻に逢わないで　久しくなった　饒石川の瀬ごとに　水占いをしよう」とある。

『新編日本古典文学全集』の頭註には、「水占延へてな―水占の内容は不明。下二段フは長く延ばす意。紐の類を川などの流木に漂わせて、そのさまによって吉凶を判断するような占か」とあ

写真９　仁岸川　馬場

写真 10　仁岸川下流から城山を望む

る。[21] 水占は、今もってどういう方法で占うのか明らかでない。

さらに、巡行のコースも大きな問題とされている。通常なら熊木村から北上して穴水駅へと向かいそうなものだが、大きく迂回して饒石川（今の仁岸川）へと向かっているからである。これにも諸説がある。

川崎昇氏の金の産地探説・中場博文氏の河川水量実見説と産鉄・製鉄地の視察説そのほか針原孝之氏等によって「製鉄炉視察説」が説かれている。あるいは、藤田富士夫氏によってそれらの説を否定しつつ息抜きのための「寄り道」説が説かれている。[23]

なぜ、家持はわざわざ饒石川まで出向いて、水占をしたのだろう。

筆者は、この問題を考えるには、家持が巡行したと思われる中葉博文氏の言ういわゆるｃコース（荒木郷の郷長の所から高爪山の麓の大福寺を経て、高爪山の神明原を越えて仁岸川中流の馬渡へ出てそこから仁岸川を下る）を路査してみることにした。[24]（写真7・8・9・10）

高爪山は、大福寺山または金竜山・洞ヶ岳とも称し、鷹爪山とも書く（能登志徴）また円錐状のため、能登富士または、能登の笠山ともいわれる。（鳳至郡誌）この山は石川県羽咋郡富来町大福寺と鳳至郡門前町神明原との境にある。標高三四一ｍ。輝石安山岩からなる。口能登北西部で最も高く、加賀・越前の浦よりも北の海上から遠望され、古来から航海の目印となっている。[25]

高爪山は、能登半島のほぼ中央に位置していて神奈備を思わせる山容を成している。そこから流れ出る仁岸川で水占いが行われたのである。雅名では錦川、また剱地川ともいう。『能登名跡志』には、此川上によき鮎あり。[26]と出ていることから、この川でも多くの鮎が遡上していたのであろう。ここでの「水占」とは、鮎占だった可能性があるのではないだろうか。

7．おわりに

大伴家持は、天平二十年の春出挙で国内の諸郡を巡行している。その折に詠まれた『万葉集』巻十七に載せられている歌郡九首の中の【四〇二三と四〇二八】を取り上げたが、いずれも、天候や吉凶を占う「鮎占」であったと思われる。

四〇二三歌では、越中国の中央の神通川で鮎占をし、また四〇二八歌では、能登国の中央にある高爪山から流れる出る仁岸川でも鮎占を行ったのであろう。家持の巡行は、あくまでも出挙が重要な目的であり、その年の稲の出来高や天候の占い（予想・及び祈り）をするのは国守として当然の職務なのではないだろうか。仁岸川へ迂回したのも「鮎占」を目的としての当初から組み込まれていたルートであったものとしておきたい。

なお、著者は単なる歴史好きなだけでこの分野に関しては全くの門外漢である。これまで幾度も現地に赴いたり、聞き取りもしてきた。この問題を素人なりに挑んだつもりである。本稿では、推論を重ね、誤解に基づく記述が多々あると思われる。まだまだ追求しなければならない問題もあるが、今後の課題としたい。皆さんの御教示をいただければ幸いである。

なお、執筆にあたって敬和学園大学人文社会科学研究所客員研究員の藤田富士夫氏のご指導を頂いた。記して厚く御礼申し上げたい。

注

（1）小島憲之・木下正俊・東野治之・訳『新編日本古典文学全集9万葉集④』
小学館1996年／220頁
（2）廣瀬誠・米田憲三・高峰正『大伴家持と越中万葉集の世界』
高岡市万葉ふるさとづくり委員会1984年／107頁
（3）注1／301頁
（4）可児弘明『鵜飼　よみがえる民俗と伝承』中央公論社1966年／12頁
（5）橋本達雄『萬葉集全注　巻第十七』有斐閣1985年／298頁
（6）高岡市万葉歴史館『越中万葉をたどる　六十首で知る大伴家持がみた、越の国』
笠間書院2013年／36～37頁
（7）藤田富士夫『大伴家持の春巡行と立山の景』万葉古代学研究所年報　第9号
2011年／222～223頁
（8）針原孝之『日本の作家100人　大伴家持―人と文学』勉誠出版2011年／132～135頁
針山氏は、ここでは「日本書紀」あるいは「万葉集」の引用だけに過ぎず具体的に述べているようには思えない。
（9）注7／218～220頁
（10）岐阜市教育委員会社会教育室『長良川鵜飼習俗調査報告書（初版）』
岐阜市教育委員会2007年／279頁
（11）小倉学『加能民俗』国書刊行会1983年／180頁

(12)歴史の道調査報告書　第5集「鵜祭の道」『信仰の道』
石川県教育委員会1998年／87頁
(13)注12／87頁
(14)注11／182頁
(15)次田真幸『古事記（上）』講談社1977年／208～212頁
(16)宮地伝三郎『アユの話』岩波新書1960年／15～16頁
(17)注16／158頁
(18)次田真幸『古事記（中）』講談社1980年／185～188頁
(19)秋道智彌『アユと日本人』丸善株式会社1992年／186頁
(20)注16／78～79頁
(21)注1／頭注222頁
(22)中葉博文『北陸地名伝承の研究』株式会社五月書房1997年／77頁
(23)藤田富士夫『大伴家持が見た饒石川の景』敬和学園大学研究紀要　第21号66～72頁
(24)中葉博文『越中富山地名伝承論』株式会社クレス出版　2009年／105～107頁
(25)角川日本地名大辞典編集委員会『角川日本地名大辞典17石川県』
角川書店1981年／553頁
(26)金沢市兼六園石川縣立圖書館内「石川縣圖書館協會」『能登名跡志』1931年／18頁

古代越中の万葉料理

著者　略歴　　　　　経沢 信弘

1960年富山県魚津生まれ。1978年大阪へ料理修業

1990年米国・NYへ。1994年帰国後「まる十」店主

「郷土史研究家」「日本海文化悠学会会員」

「野外調査研究所・主席研究員」

写真　「氷見海岸」「蜃気楼」　有澤 善允

2017年5月10日　初版発行

定価　1300円＋税

著者　　経沢 信弘

編集　　Casa 小院瀬見 桂書房編集部

発行者　　勝山 敏一

発行所　　桂書房

〒930-0103　富山市北代3683-11

電話　076-434-4600

FAX　076-434-4617

印　刷　　株式会社　すがの印刷

地方・小出版流通センター扱い　　ISBN 978-4-86627-026-5